Technik
und wie sie funktioniert

Tessloff Verlag

Idee und Konzeption Rachel Coombs, Nicholas Harris, Sarah Harrison, Sarah Hartley, Emma Helbrough, Orpheus Books Ltd.

Text Nicholas Harris

Fachberatung Chris Oxlade
Übersetzung Lioba Schafnitzl

Illustrationen Mike Fuller

Copyright © 2005 Orpheus Books Ltd.
2 Church Green, Witney, Oxfordshire, OX28 4AW

Copyright © 2005 (deutsche Ausgabe)
Tessloff Verlag, Nürnberg

ISBN 3-7886-1448-X

INHALT

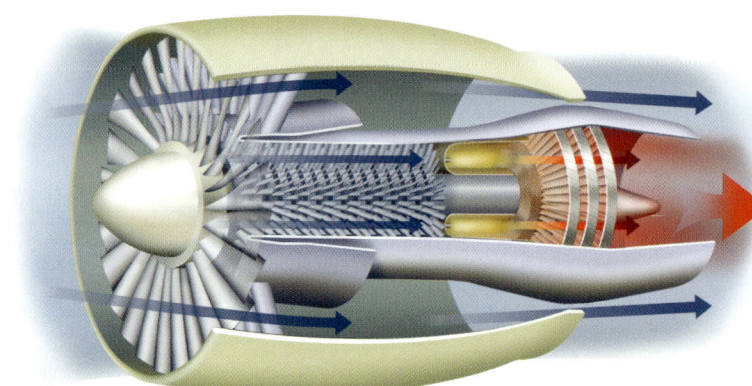

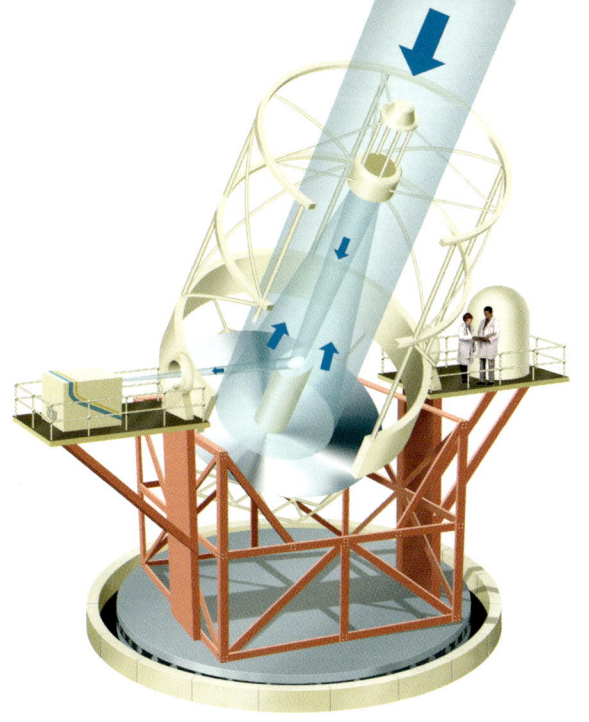

EINLEITUNG

Wie würde unsere Welt ohne die Technik aussehen? Ohne Autos und Flugzeuge könnten wir nicht so leicht verreisen. Nach Australien müssten wir mit einem Segelschiff fahren, was lange dauern würde. Und kannst du dir ein Leben ohne Telefon, Filme oder Computer vorstellen? All diese Dinge machen das Leben nicht nur einfacher, sondern auch schöner.

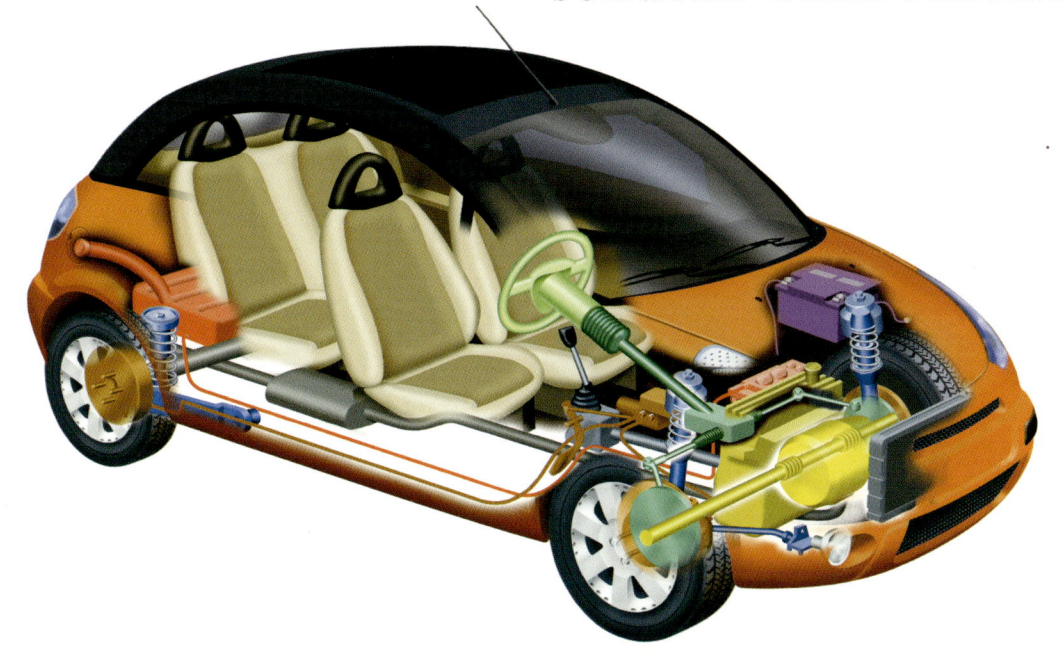

SCHWERE BAUFAHRZEUGE

Eine Planierraupe schiebt mit ihrer Schaufel Erde und Geröll vor sich her. Ein Bagger reißt mit seiner gezahnten Grabschaufel den Boden auf. Er nimmt die aufgelockerte Erde auf und lädt sie hinten auf ein Kipperfahrzeug. Dieses Fahrzeug hat gewaltige Räder und einen kräftigen Motor. Damit kann der Kipper auch schwere Lasten transportieren. Zum Entladen neigt sich die Ladefläche in die Schräge, sodass die Ladung durch die Ladeklappe rutscht.

gezahnte Schaufel

Planierraupe

Ladeklappe

Ladefläche

Schaufel

RAUPENFAHRZEUGE

Auf dieser Baustelle haben viele Fahrzeuge statt Gummireifen Raupenketten, um sich besser über den weichen, unebenen Boden zu bewegen. Am Ausleger des Baukrans hängt eine schwere Abrissbirne aus Stahl, die gegen die Mauern des alten Gebäudes geschleudert wird. Mit Getöse bricht die Ziegelwand in sich zusammen.

Ausleger

Abrissbirne

Bagger

Kran

Kipperfahrzeug

BAUMASCHINEN

Für den Bau eines großen Gebäudes werden viele Maschinen gebraucht. Ein Kran ist dabei eine große Erleichterung. Er bringt schweres Baumaterial in großen Höhen an Ort und Stelle. Hier werden Stahlträger in das oberste Stockwerk eines Rohbaus befördert. Mit dem Kran können sogar schwere Betonplatten für die Böden und Wände der einzelnen Stockwerke transportiert werden.

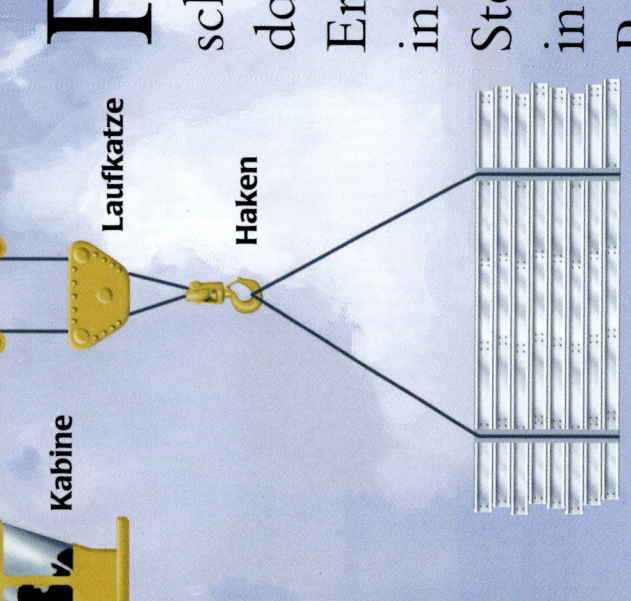

Ausleger

Laufkatze

Haken

Kabine

Ausgleichsarm

Gegengewicht

Turm

Hoch oben von der Kabine aus lenkt der Kranführer seinen Baukran. Am kürzeren Ausgleichsarm befinden sich schwere Betonplatten. Sie dienen als Gegengewicht zu den Lasten, die der Kran befördert.

Die Ladung ist an einem Haken befestigt, der sich am langen Arm des Krans (Ausleger) entlang bewegt.

BETON

Beton wird aus Zement, Wasser und Sand angemischt. In der Trommel des Betonmischers verbinden sich die Bestandteile. Auf der Baustelle wird der Fließbeton aus einer Öffnung am Heck des Fahrzeugs gepumpt.

Flüssiger Beton wird auf das Fundament aufgetragen.

Betonpumpe

Betonmischer

Sockel

Rohbau

AUTOS

Autos werden von Motoren angetrieben, die Benzin oder Diesel verbrauchen. Mit der Kraft des Motors drehen sich die Räder. Will der Fahrer beschleunigen, tritt er auf das Gaspedal und erhöht die Zufuhr des Kraftstoffes in den Motor. Mit dem Mehrganggetriebe kann ein Auto langsam oder schnell fahren, ohne den Motor zu überfordern. Das Fahrwerk federt Stöße ab und ermöglicht es, bequem zu reisen.

Tank

Trommel-bremse

Auspuff

BREMSEN

Um langsamer zu werden, tritt der Fahrer auf das Bremspedal. Dadurch drücken Bremsblöcke auf eine Scheibe im Inneren der Räder. Mit der Handbremse werden Bremsklötze in einer Trommel an den Hinterrädern bedient.

BENZINMOTOR

Ein Benzinmotor verbrennt ein Benzin-Luft-Gemisch. Benzin aus dem Tank wird in die Zylinder des Motors eingespritzt und dort gezündet. Es verwandelt sich in heißes Gas, das den Kolben nach unten presst. Dadurch dreht sich die Antriebswelle, die mit den Rädern verbunden ist.

Die Batterie liefert Elektrizität für den Anlasser. Durch ihn springt der Motor erst an.

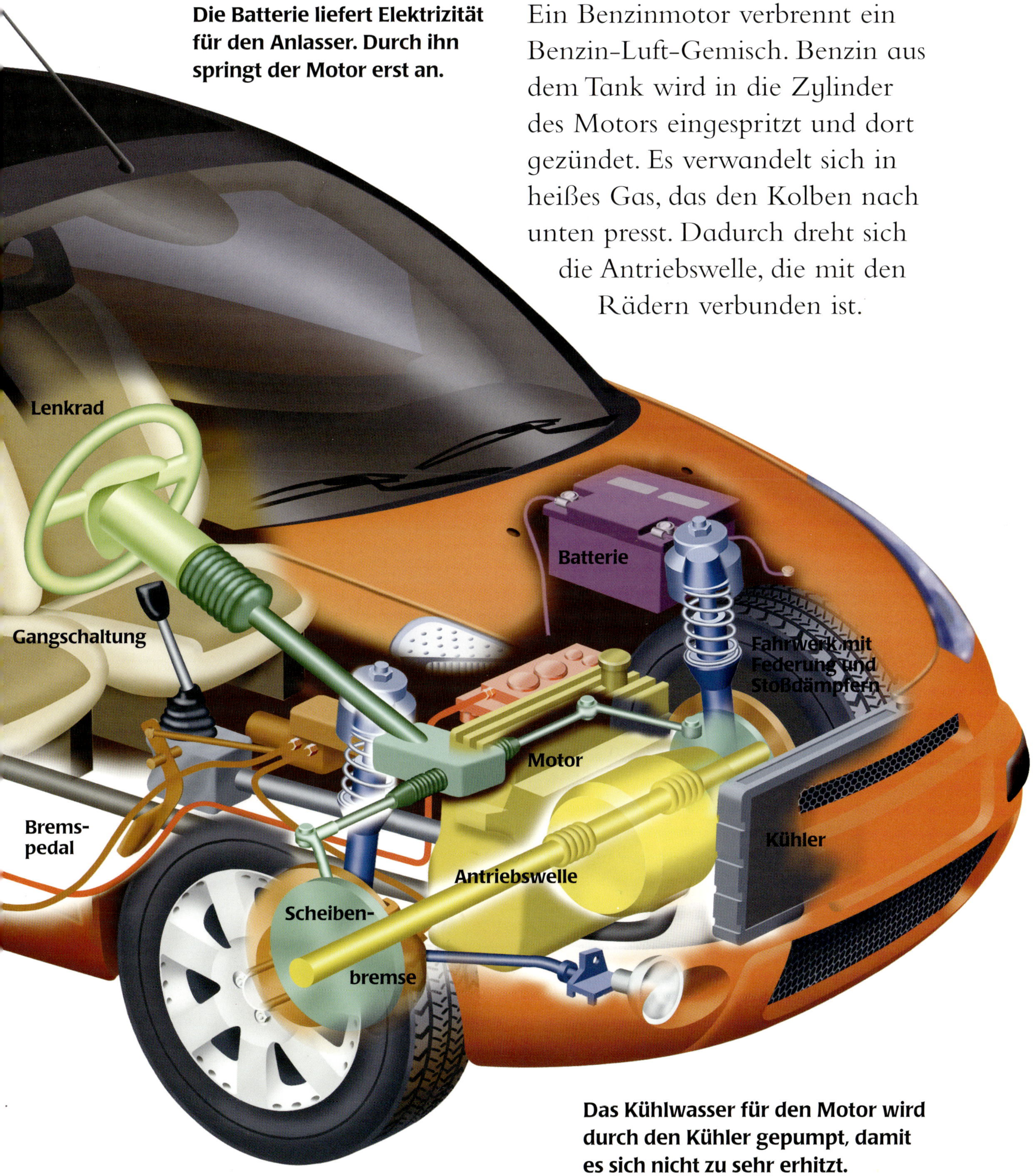

Lenkrad

Gangschaltung

Batterie

Fahrwerk mit Federung und Stoßdämpfern

Motor

Brems-pedal

Scheiben-bremse

Antriebswelle

Kühler

Das Kühlwasser für den Motor wird durch den Kühler gepumpt, damit es sich nicht zu sehr erhitzt.

ZÜGE

Hochgeschwindigkeits-
züge wie der ICE
(Intercityexpress) oder der
französische TGV werden
von Elektromotoren angetrieben. Im normalen Betrieb
erreicht ein ICE heute bis zu
300 Kilometer in der Stunde.

Stromabnehmer

Motor-
block

Luftabzug

Wagen-
gestell

ELEKTROANTRIEB

Dieser Zug (*oben*) zweigt Energie von
den Stromleitungen über den Gleisen ab. Der
Stromabnehmer nimmt die Elektrizität auf. Sie wird vom
Motorblock und einem Transformator zu den Motoren weitergeleitet.

MAGNETSCHWEBEBAHNEN

Magnetschwebebahnen oder Maglevs sind Züge, die mithilfe von Magneten über der Spur gehalten werden. Im Gegensatz zu anderen Zügen findet hier keine Reibung der Räder an den Gleisen statt. Magnetschwebebahnen sind daher sehr schnell: In Tests haben sie bereits

Geschwindigkeiten von bis zu 550 Stundenkilometern erreicht. Sie benötigen auch wenig Treibstoff.

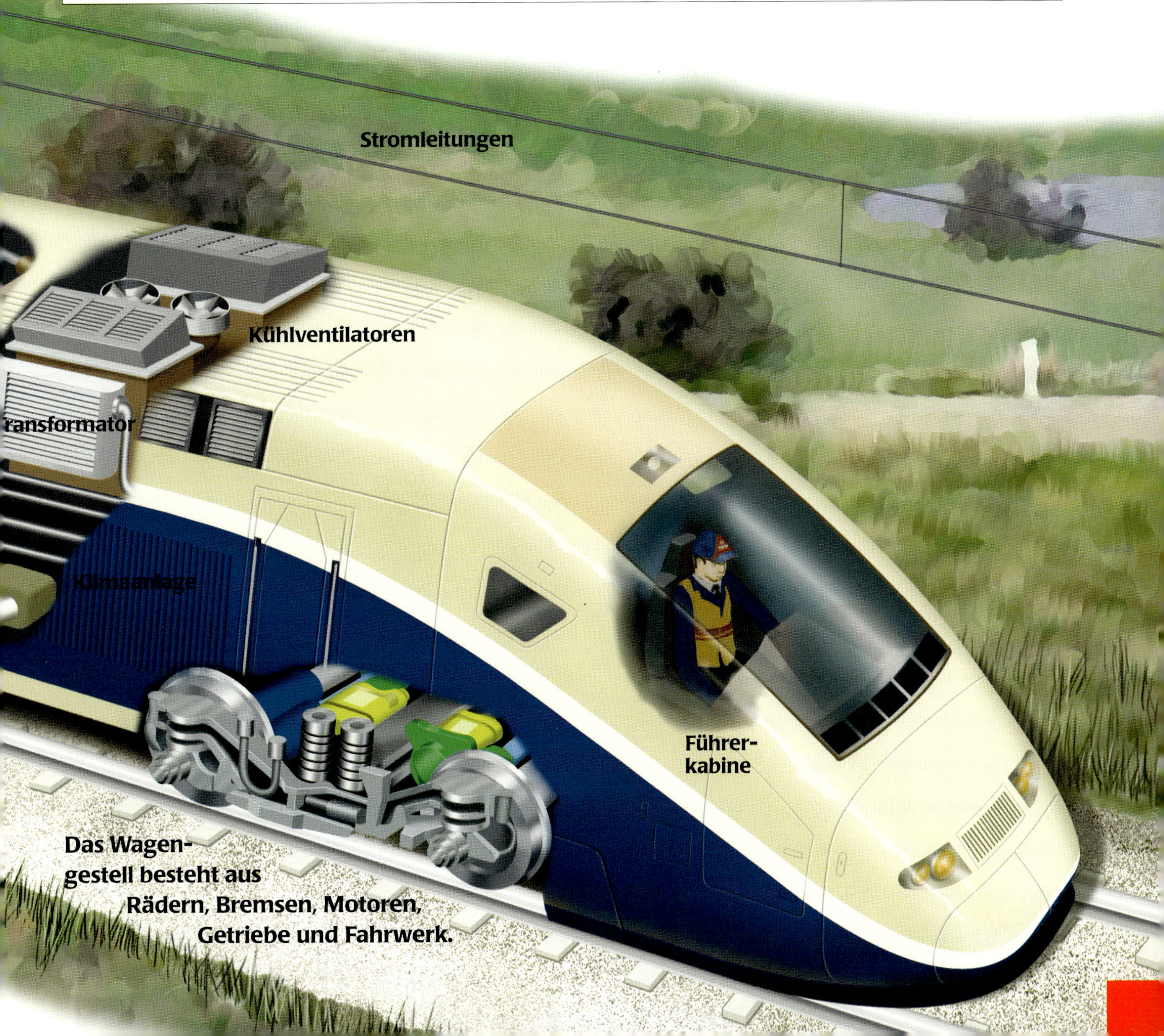

Stromleitungen

Kühlventilatoren

ransformator

Klimaanlage

Führerkabine

Das Wagengestell besteht aus Rädern, Bremsen, Motoren, Getriebe und Fahrwerk.

SCHIFFE UND BOOTE

Schiffe sind große Wasserfahrzeuge, die auf den Meeren kreuzen. Boote sind etwas kleiner. Die meisten Schiffe werden von einer Schraube im Wasser angetrieben, die ein Motor zum Rotieren bringt.

Funkantenne

Radar

Brücke

Auspuffschlot

Puffer

Mannschafts-kabine

Motor

Tauwinde

Antriebswelle

Rumpf

SCHLEPPER

Schlepper haben einen besonders harten Schiffskörper und einen extrem starken Motor. Wie ihr Name schon sagt, schleppen sie schwere Schiffe, wie zum Beispiel Öltanker, hinter sich her. Dank der seitlichen Gummipuffer können sie andere Schiffe auch schieben. Dieser Schlepper hat eine drehbare Schraube und kann damit auch gesteuert werden.

WARUM SCHWIMMEN SCHIFFE?

Ob ein Körper schwimmt, hängt nicht nur von seinem Gewicht ab. Maßgeblich ist auch das Gewicht des Wassers, das er beim Eintauchen verdrängt. Ein Ozeandampfer ist so gebaut, dass das Metall einen großen Hohlraum einschließt. Er verdrängt daher sehr viel Wasser und geht nicht unter, obwohl er sehr schwer ist.

Schraube

U-BOOTE

Unterseeboote haben Ballasttanks, die für den Tauchgang geflutet werden. Um an die Meeresoberfläche zurückzukehren, wird das Wasser wieder aus den Tanks herausgepumpt. Das Boot wird dadurch leichter und steigt nach oben.

ABTAUCHEN

Ballasttanks sind mit Wasser gefüllt.

Wasser wird aus den Ballasttanks gepumpt.

AUFTAUCHEN

SCHIFFSSCHRAUBEN

Eine Schiffsschraube ist über eine Antriebswelle mit dem Motor verbunden und funktioniert so ähnlich wie ein Flugzeugpropeller. Die Schraubenblätter sind groß und gebogen. Wenn sie sich drehen, wird Wasser von vorne angesaugt und nach hinten hinausgepresst. Der Schub bewegt das Schiff vorwärts.

FLUGZEUGE

Die meisten Luftfahrzeuge sind schwerer als Luft. Um fliegen zu können, brauchen Flugzeuge und Hubschrauber daher einen Motor und feste oder rotierende Flügel. Heißluftballons und Luftschiffe sind mit Gas gefüllt und deshalb leichter als Luft.

Ballonhülle

Passagiere im Korb

Kraftstofftanks für die Brenner

FLIEGEN IM BALLON

Heißluftballons sind riesige, ballonförmige Flugobjekte. Brenner erwärmen die Luft in der nach unten offenen Hülle, bis der ganze Ballon durch den Auftrieb hochsteigt. Passagiere reisen in einem Korb, dcr unterhalb des Ballons befestigt ist.

Tragfläche

Passagierraum

Gepäckraum

Cockpit

Auf dieser Abbildung sind Ausschnitte offen gelassen, damit du in das Verkehrsflugzeug sehen kannst.

Triebwerk

HUBSCHRAUBER

Die Rotorblätter eines Hubschraubers werden von Strahltriebwerken so unglaublich schnell gedreht, dass sie mit dem bloßen Auge nicht mehr zu erkennen sind. Die Drehflügel pressen die Luft nach unten. Die Maschine steigt dadurch hoch.

Hubschrauber können nicht nur senkrecht starten und landen, sondern auch in der Luft verharren oder in jede beliebige Richtung fliegen.

Seitenflosse

Höhenleitwerk

Flugzeuge sehen sich meist sehr ähnlich. Sie haben einen röhrenförmigen Rumpf, der bei modernen Linienflugzeugen bis zu 500 Passagieren Platz bietet. Höhenruder und Seitenflosse sorgen für eine gleichmäßige und gerade Flugbahn.

STRAHLTRIEBWERK

In einem Strahltriebwerk saugt die Turbine Luft an. Ein Teil davon gelangt in den Verdichter, wo sich der Luftdruck noch erhöht. Die heißen Verbrennungsgase des Treibstoffs vermischen sich mit der Luft und schießen als Gasstrahl nach außen. Der Rückstoß treibt das Flugzeug vorwärts.

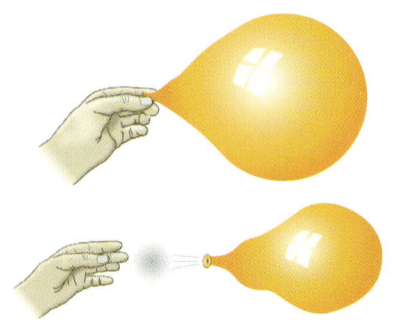

Die Kraft der Luft, die aus einem Luftballon entweicht, treibt die Ballonhülle in die entgegengesetzte Richtung. Das Prinzip wird auch in Strahltriebwerken genutzt.

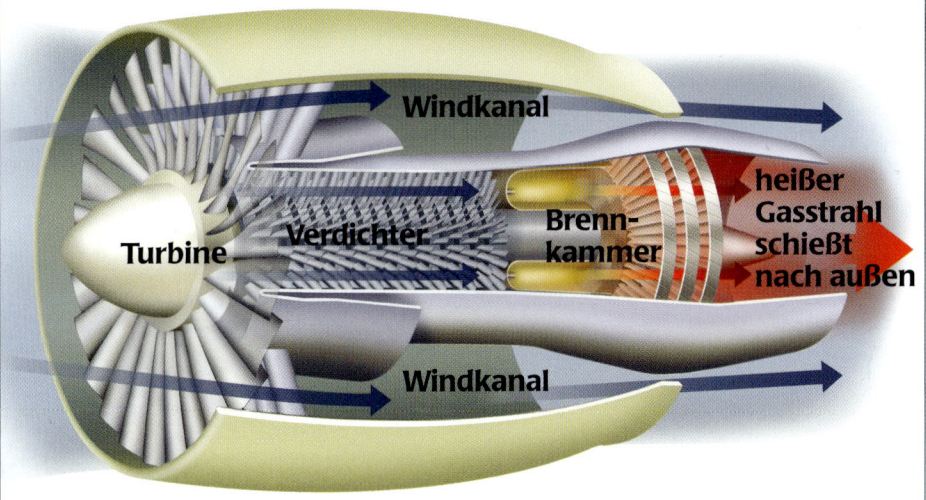

Windkanal

Turbine

Verdichter

Brennkammer

heißer Gasstrahl schießt nach außen

Windkanal

WIE FLIEGT EIN FLUGZEUG?

Trotz seines Gewichts kann ein Flugzeug fliegen. Das liegt an der Form seiner Tragflächen. Bewegt sich die Maschine mit hoher Geschwindigkeit vorwärts, hebt sie eine Kraft, die man Auftrieb nennt, in die Luft.

PROPELLER

Manche Flugzeuge werden von Propellern angetrieben. Drehen sich die gebogenen Blätter, saugen sie Luft an und geben sie nach hinten wieder ab. Dadurch wird das Flugzeug vorwärts geschoben.

Auftrieb

Luftstrom an der Unterseite der Tragfläche

Luftstrom an der Oberseite der Tragfläche

Tragfläche

Tragflächen haben eine gewölbte Form. Dadurch gleitet der Luftstrom beim Fliegen schneller über die Oberseite als über die Unterseite. Oben ist der Luftdruck geringer. Er erzeugt einen Sog, den Auftrieb, der das Flugzeug nach oben zieht.

LENKEN IN DER LUFT

Wenn ein Flugzeug steigt oder sinkt, heißt das in der Pilotensprache Nicken. Dreht es sich waagerecht nach links oder rechts, nennt man das Gieren. Beim Rollen

Nase hebt sich

NICKEN

Höhenruder

Heck senkt sich

geht das Flugzeug in die Kurve, sodass eine Tragfläche höher ist als die andere.

Für den Steigflug zieht der Pilot den Steuerknüppel nach hinten und stellt die Höhenruder auf. Der Luftstrom wird dadurch nach oben gelenkt. Er drückt das hintere Ende des Flugzeugs nach unten und die Flugzeugnase nach oben. Soll das Flugzeug an Höhe verlieren, schiebt der Pilot den Steuerknüppel nach vorn und erzielt damit den umgekehrten Effekt.

Nase dreht sich nach rechts

Seitenruder

Heck dreht nach links

GIEREN

Um die Maschine nach links oder rechts zu drehen, benutzt der Pilot Pedale, die das Seitenruder schwenken und die Luftströmung verändern. Um sanft in die Kurve zu gehen, muss das Flugzeug rollen, also leicht in die Schräge gehen. Dafür klappt der Pilot ein Querruder auf der linken oder rechten Tragfläche nach oben.

Tragfläche dreht sich nach oben

Querruder

Querruder

ROLLEN

Tragfläche dreht sich nach unten

Eine Weltraum-
rakete besteht aus
mehreren Stufen.
Ist der Treibstoff
einer Stufe ver-
braucht, wird diese
ins All abgesprengt.

Raketenantrieb
(zweite Stufe)

Treibstofftank
für flüssigen
Wasserstoff

Treibstofftank
für flüssigen
Sauerstoff

Treibstoff-
tank für
flüssigen
Sauerstoff

Satellit,
der in die
Umlauf-
bahn der
Erde trans-
portiert
werden soll

WELTRAUMRAKETEN

Eine Weltraumrakete beschleu-
nigt auf 40 000 Stundenkilo-
meter, um die Schwerkraft der
Erde zu überwinden und das All
zu erreichen. Der Raketenantrieb
muss daher nicht nur einen
gewaltigen Schub erzeugen
können, er muss auch ohne
Sauerstoff auskommen. Denn
im Weltraum gibt es keine Luft.
Im Antriebsaggregat der Rakete
werden zwei verschiedene Treib-
stoffe vermischt und verbrannt.
Dabei entstehen heiße Gase, die
mit großer Geschwindigkeit
durch eine Düse austreten. Der
Rückstoß schleudert die Rakete
nach oben.

Zündstufe mit festen Brennstoffen

Kerosin-Treibstofftank

Zündstufe mit festen Brennstoffen

Raketenantrieb (erste Stufe)

RAUMSONDEN

Ein bemanntes Raumschiff würde viele Jahre brauchen, um benachbarte Planeten zu erreichen. Um die Oberfläche von Jupiter und Saturn zu erforschen, wurden deshalb ferngesteuerte Raumsonden von Raketen ins Weltall katapultiert. Da sie sich in luftleeren Raum ungebremst vorwärts bewegen, brauchen sie nicht weiter angetrieben zu werden. Raumsonden übermitteln Bilder von fernen Planeten, sobald sie in deren Nähe kommen.

Die Raumsonde Cassini erreichte 2004 die Umlaufbahn des Saturn. Ein so genannter Lander wurde mit einem Fallschirm auf dem Saturnmond Titan abgesetzt.

TELESKOPE

Ein Teleskop kann weit entfernte Dinge stark vergrößern. Dadurch sieht man Einzelheiten, die mit dem bloßen Auge nicht zu erkennen sind. Ein Spiegelteleskop reflektiert einfallendes Licht von einem schüsselförmigen Hauptspiegel auf einen kleineren Sekundärspiegel. Von dort wird das Bild zum Betrachter oder zu einem Lichtsensor weitergeleitet.

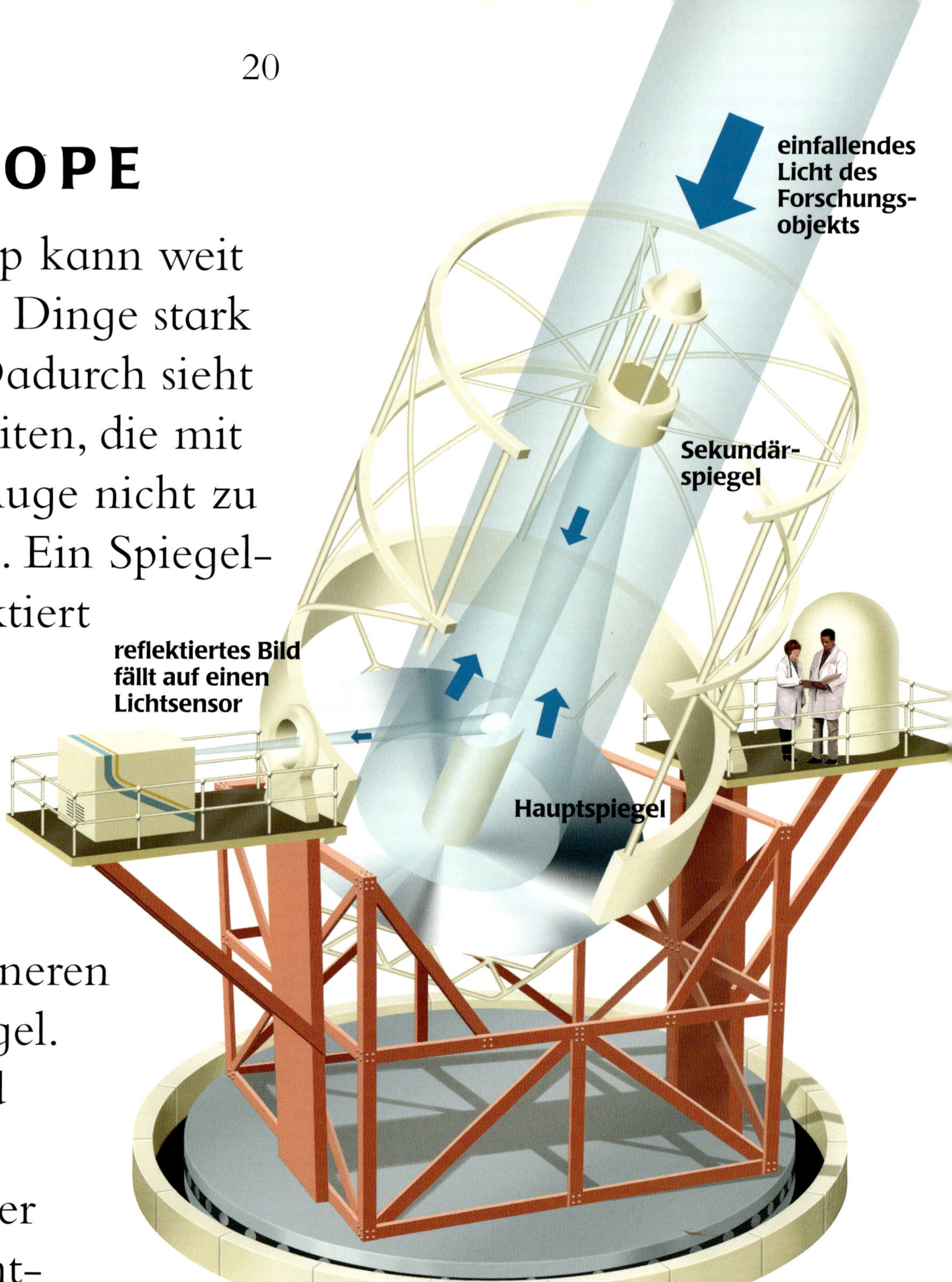

einfallendes Licht des Forschungsobjekts

Sekundärspiegel

reflektiertes Bild fällt auf einen Lichtsensor

Hauptspiegel

In Sternwarten befinden sich große Teleskope. Mit ihnen beobachtet man den Sternenhimmel. Die Kuppel öffnet sich und gibt den Blick nach oben frei.

BLICK IN DEN WELTRAUM

Das Teleskop ist ein wichtiges Arbeitsinstrument der Astronomen – das sind Wissenschaftler, die den Weltraum erforschen. Ein leistungsstarker Spiegel bildet die Oberfläche von Planeten ab, aber auch ferne Galaxien, die für das bloße Auge unsichtbar bleiben. Diese Galaxie (*rechts*) ist Milliarden von Kilometern weit weg. Das Bild wurde vom Weltraumteleskop Hubble aufgenommen.

WELTRAUMTELESKOP

Das Hubble-Weltraumteleskop umkreist unseren Planeten etwa 600 Kilometer über der Erdoberfläche. Weil es im All keine Luft gibt, kann es weit entfernte Dinge viel klarer abbilden als Teleskope von der Erde aus. Seine Sensoren sind so empfindlich, dass sie das Licht einer Taschenlampe noch aus 400 000 Kilometer Entfernung registrieren könnten.

Über seine Antennen sendet das Weltraumteleskop Bilder zur Erde.

Auf dieser Abbildung kannst du die Spiegel im Inneren des Hubble-Weltraumteleskops erkennen.

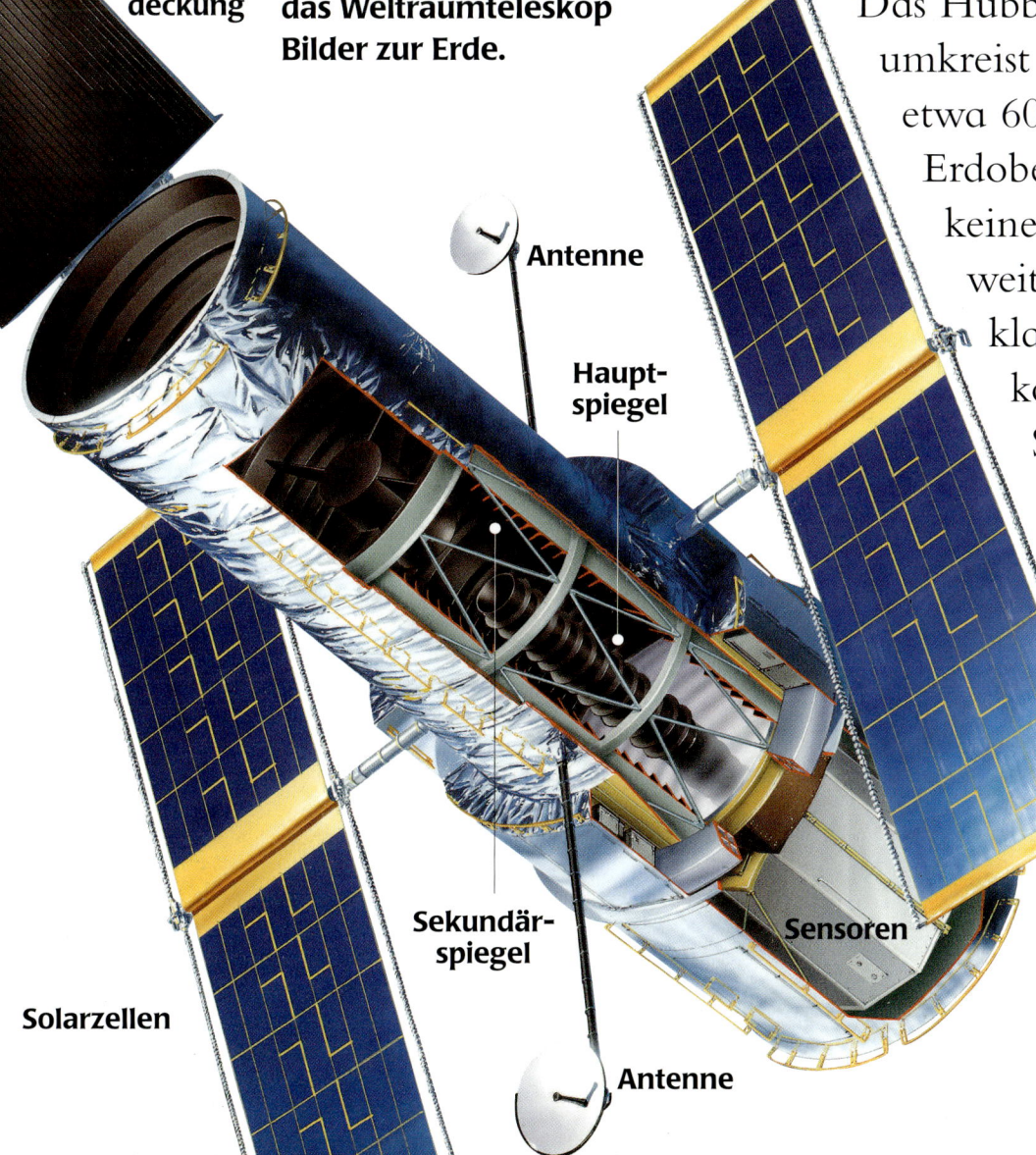

Ab-deckung

Antenne

Haupt-spiegel

Sekundär-spiegel

Sensoren

Solarzellen

Antenne

FOTOAPPARATE

Mit einem Fotoapparat kann man Bilder aus der Umgebung aufnehmen. Normale Kameras bilden diese Bilder auf einem Negativfilm ab. Moderne Digitalkameras speichern die Bildinformationen elektronisch.

DIGITALKAMERA

Sobald sich die Blende öffnet, wird für einen kurzen Moment ein Bild in der Kamera abgebildet. Das Licht fällt dabei durch eine Linse, wird scharf gestellt und auf Tausenden von winzigen Bildpunkten (Pixel) auf einem Mikrochip erfasst. Jedes Pixel speichert einen bestimmten Farbton. Das Bild kann nun auf einen Computer übertragen werden.

Mikroprozessor

Sucher

Licht fällt durch die Blende

ISO 100
90   5.6

Mikrochip

LCD-Display

Speicher-karte

Stativ

Datenausgabe zum Computer

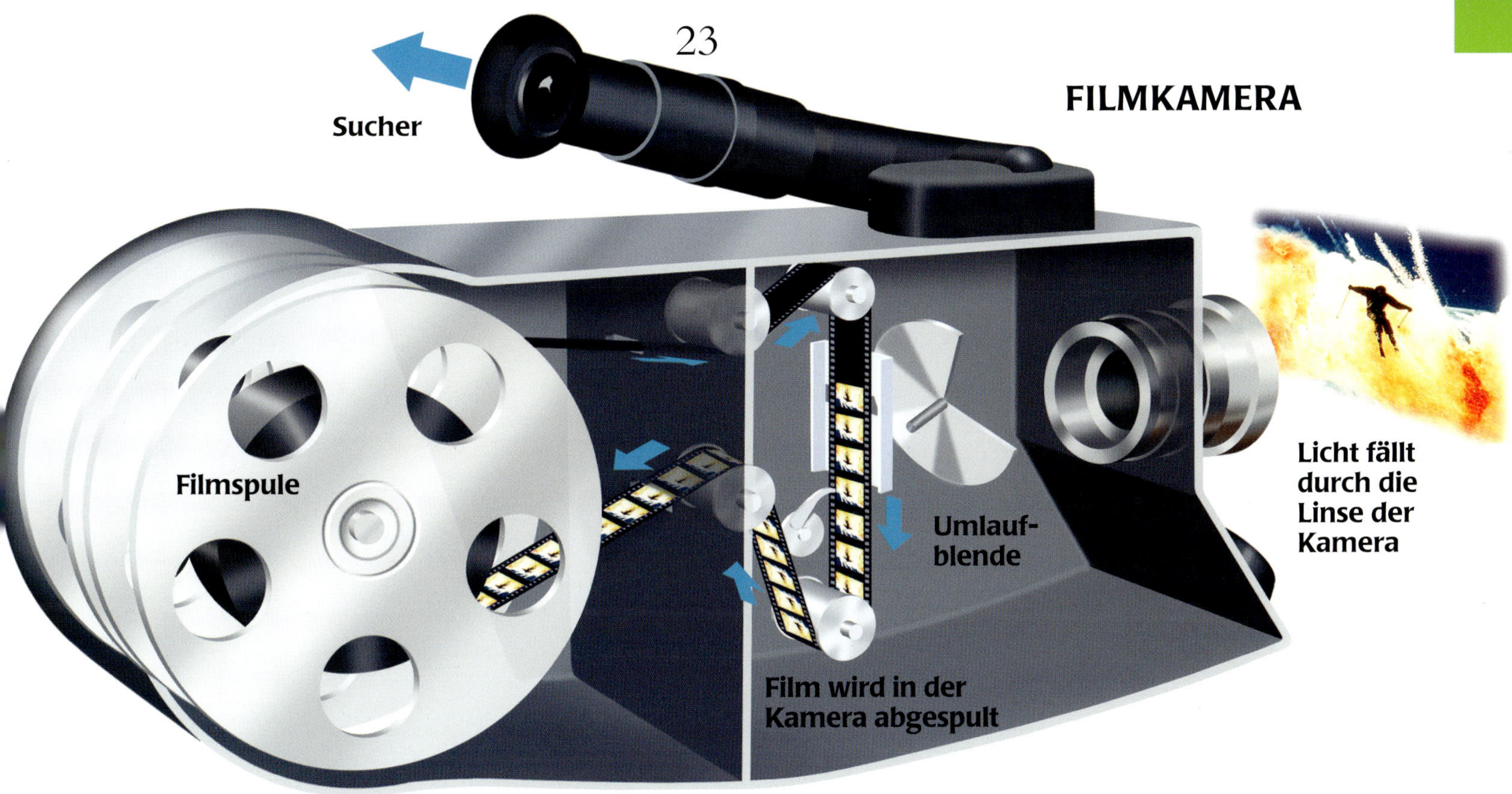

Sucher

FILMKAMERA

Filmspule

Umlaufblende

Film wird in der Kamera abgespult

Licht fällt durch die Linse der Kamera

FILMKAMERA

Eine Filmkamera nimmt eine bewegte Szene in mehreren Tausend Einzelbildern auf. Jede Sekunde werden 24 Bilder auf Film gebannt. Durch eine rotierende Umlaufblende in der Kamera wird jeweils ein Bild belichtet. Ist die Blende geschlossen, rückt der Film eine Position weiter. Dieser Vorgang wiederholt sich blitzschnell viele Male – so lange, bis die ganze Filmspule belichtet ist. Film ab! Eine Lichtquelle im Filmprojektor leuchtet durch die einzelnen Bilder des Films und projiziert sie stark vergrößert auf eine Leinwand. Immer wenn der Drehverschluss geschlossen ist, rückt der Film ein Bild weiter. Das geschieht so schnell, dass sich die Bilder zu bewegen scheinen.

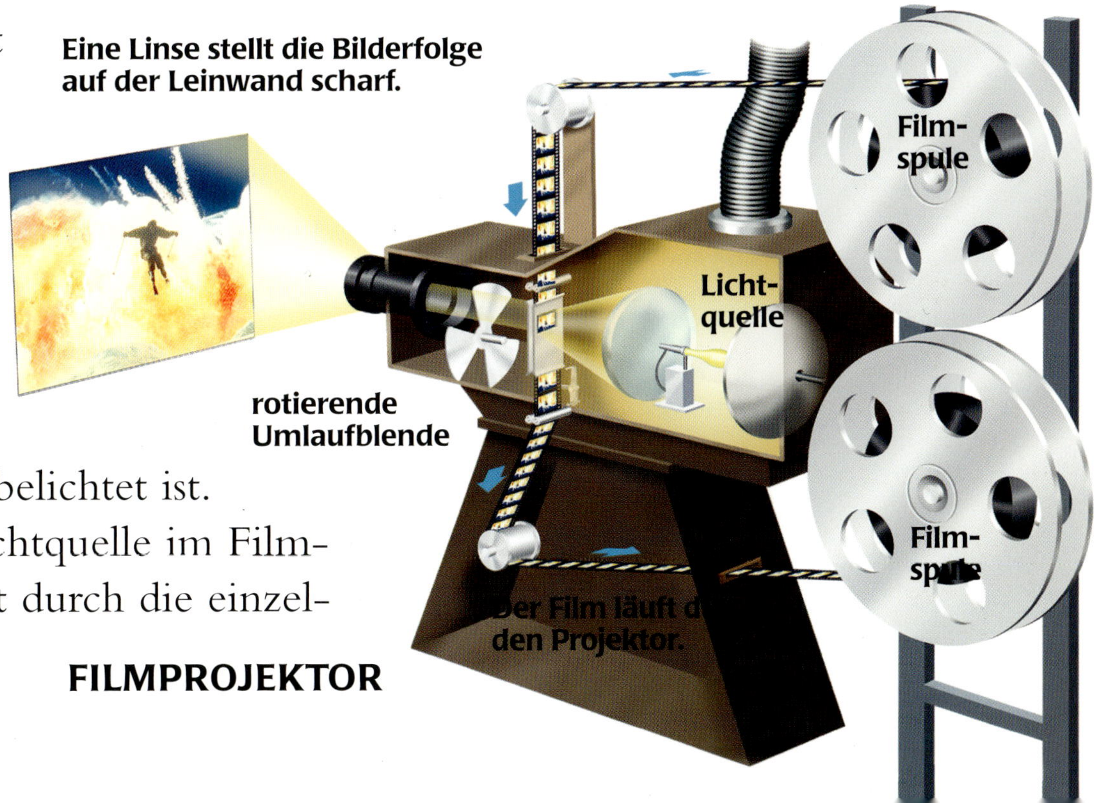

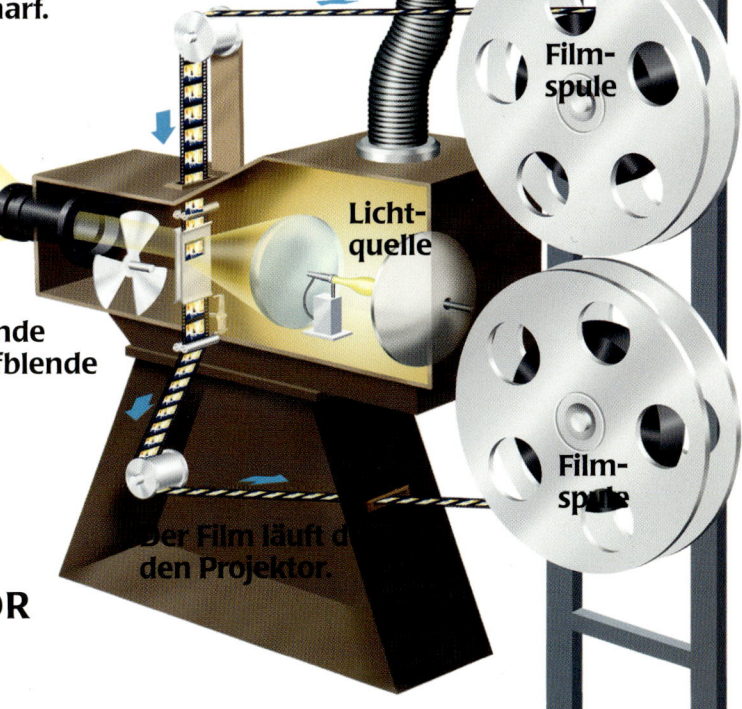

Eine Linse stellt die Bilderfolge auf der Leinwand scharf.

Filmspule

Lichtquelle

rotierende Umlaufblende

Filmspule

Der Film läuft durch den Projektor.

FILMPROJEKTOR

DIE DIGITALE AUFNAHME

Auf einer CD werden Informationen in digitaler Form gespeichert. Töne, Bilder, Filme oder Texte werden dabei in Zahlenkombinationen aus den Ziffern 0 und 1 umgewandelt. Als mikroskopisch kleine Vertiefungen (Pits) und Zwischenräume (Lands) werden sie auf der CD gespeichert und später von einem Laserstrahl „gelesen".

Das Bild zeigt in starker Vergrößerung die Pits einer CD und den Laserstrahl eines CD-Spielers. Eine einzige spiralförmige CD-Spur kann, vom Anfang – in der Mitte der Scheibe – bis zum äußeren Ende rund eine Milliarde Pits enthalten. Ein Pit ist nur etwa ein Tausendstel Millimeter lang.

Der Laserstrahl ertastet eine Vertiefung.

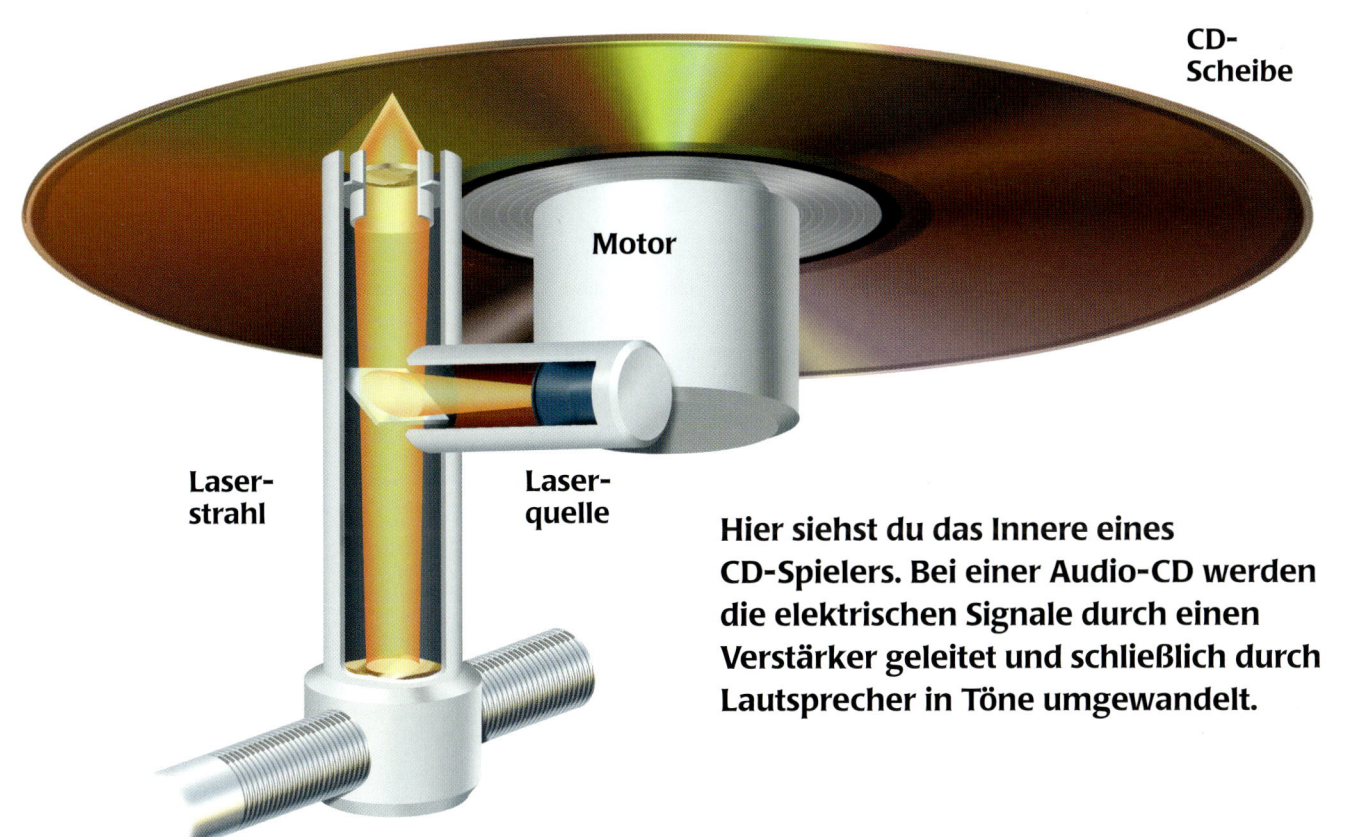

CD-Scheibe

Motor

Laser-strahl

Laser-quelle

Hier siehst du das Innere eines CD-Spielers. Bei einer Audio-CD werden die elektrischen Signale durch einen Verstärker geleitet und schließlich durch Lautsprecher in Töne umgewandelt.

CD-Spieler

Ein CD-Spieler tastet die CD mithilfe eines Lasers ab. Mehrere Spiegel und Linsen richten den Laserstrahl auf die Unterseite der schillernden Scheibe. Der reflektierte Strahl gibt eine exakte Folge von Pits und Lands wieder, die in elektrische Signale umgewandelt werden. Ein einziger Musiktitel besteht aus vielen Millionen solcher Signale. Auch Computer-CD-ROMs mit technischen Daten, Texten und Grafiken und DVDs für Film- und Fernsehprogramme funktionieren auf diese Weise.

Pit

Land

CDs und DVDs sind äußerlich nicht voneinander zu unterscheiden. Beide sind aluminiumbeschichtete Plastikscheiben mit zwölf Zentimetern Durchmesser.

DAS FERNSEHEN

Fernsehen macht es möglich, bewegte Bilder von einem Ort zu einem anderen zu senden. Auf der ganzen Welt werden täglich Tausende von Fernsehsendungen ausgestrahlt. Einige Nachrichten- und Sportsendungen werden „live" übertragen. Der Zuschauer sieht dabei, was zeitgleich an einem anderen Ort passiert.

Boden-sender

Bei der Aufzeichnung einer Fernsehsendung filmt eine Fernsehkamera die Szene, während ein Mikrofon Töne und Geräusche aufnimmt *(unten links)*. Im Kontrollraum werden Töne und Bilder abgemischt *(unten)*.

FERNSEHKAMERA

Eine Fernsehkamera enthält CCDs. Das sind Lichtdetektoren, die das Licht während der Aufnahme in Millionen winziger Bildpunkte (Pixel) speichern. Jedes Pixel hat ein digitales „Gedächtnis" für Helligkeit und Farbe des Lichts (bestehend aus den drei Grundfarben Rot, Blau und Grün). Pro Sekunde zeichnet die Kamera 25 Einzelbilder auf.

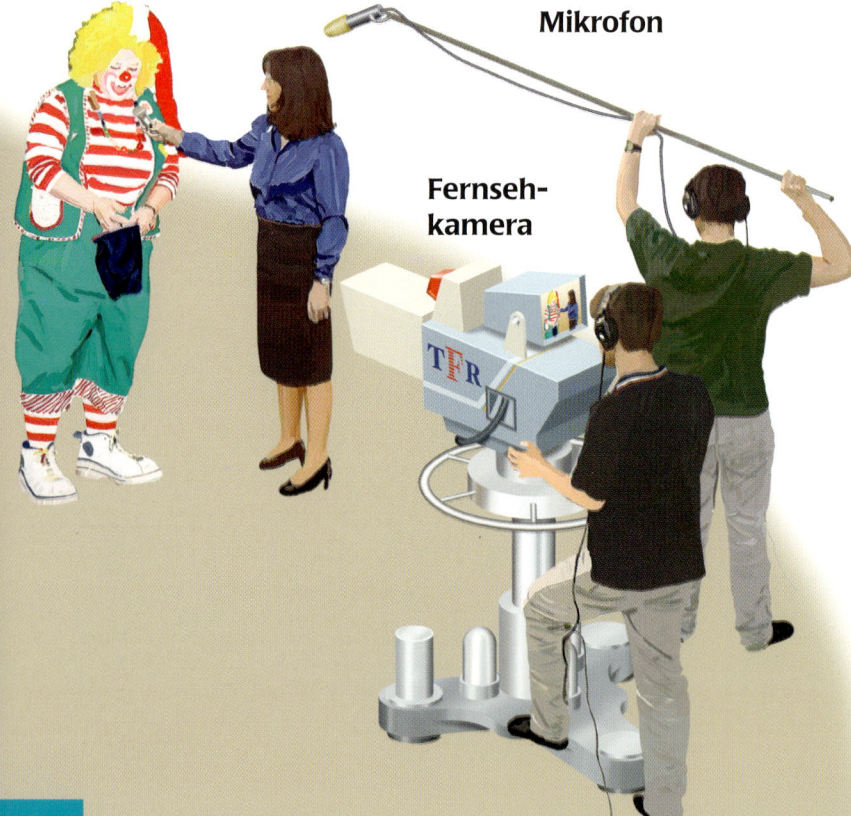

Mikrofon

Fernseh-kamera

Satellit

**Satelliten-
schüssel**

BILDÜBERTRAGUNG
PER SATELLIT

Fernsehsendungen werden entweder
über Kabel oder über Funkwellen
knapp über der Erdoberfläche
übertragen. Eine dritte Möglichkeit
ist die Übertragung mithilfe eines
Satelliten in der Erdumlaufbahn.
Er empfängt die Signale eines Boden-
senders und überträgt sie weiter an
die einzelnen Satellitenschüsseln der
privaten Haushalte.

Eine Satellitenschüssel auf
dem Dach eines Hauses empfängt
Funkwellen. Über ein Kabel
werden sie zum Fern-
sehgerät geleitet, das
die Signale in Töne
und rote, grüne
und blaue
Bildpunkte
zurück-
verwandelt.

Das Fernsehbild besteht aus
vielen Zeilen mit unter-
schiedlich hellen roten,
grünen und blauen Punkten.
Sie verschmelzen in der
Entfernung zu einem
vollständigen farbigen Bild.

Nahaufnahme der Bildpunkte auf
einem Fernsehbildschirm

COMPUTER

Computer sind sehr nütz-liche elektronische Geräte. Mit ihrer Hilfe kann man im Internet surfen, Flugzeuge steuern, Autos konstruieren oder technische Daten speichern. Bei Kindern sind besonders die Computerspiele sehr beliebt.

Bildschirm

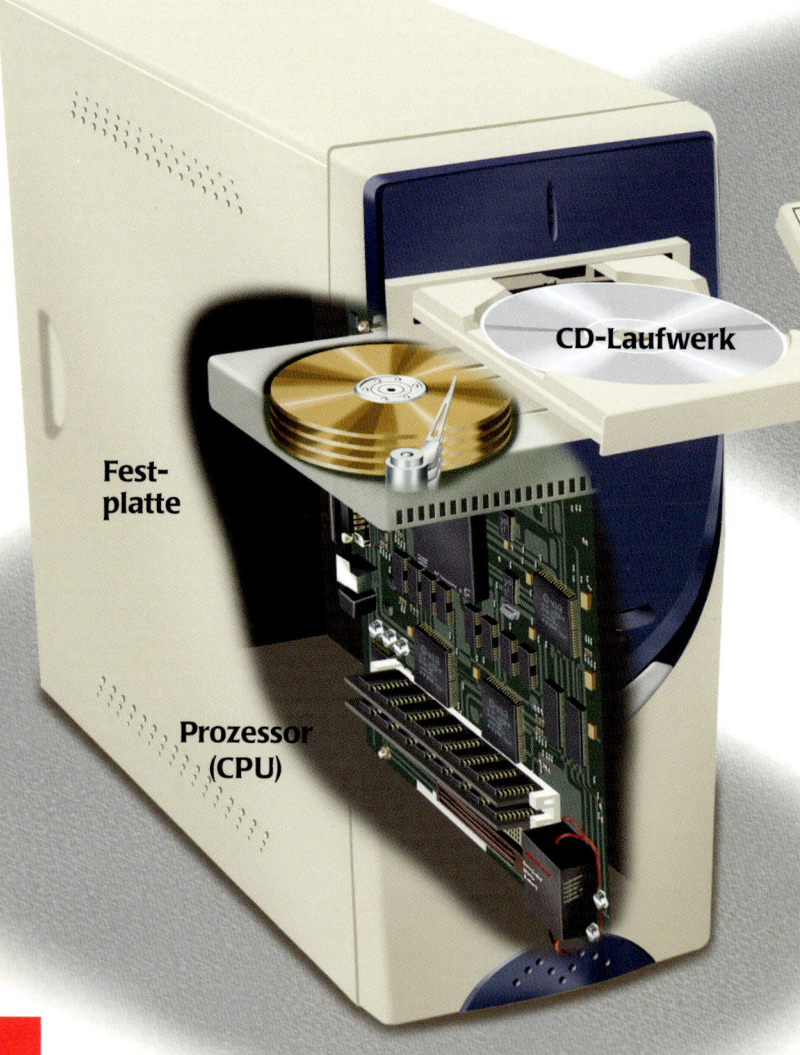

Festplatte

CD-Laufwerk

Prozessor (CPU)

Der Prozessor ist das eigentliche „Gehirn" des Computers. Er erhält die Befehle eines Programms und führt sie aus. Die Programme und technischen Daten befinden sich auf der Festplatte. In einem Computer werden alle Informationen als elektrische Signale gespeichert.

HARDWARE UND SOFTWARE

Als „Hardware" bezeichnet man die Computerausrüstung, die man sehen kann. Dazu gehören Prozessor, Datenspeicher, Bildschirm, CD- oder DVD-Laufwerk, Tastatur, Maus, Drucker und Scanner. Zur „Software" zählen das Betriebssystem, mit dem der Computer arbeitet, die Datenbanken, Spiele und Grafikprogramme.

Drucker

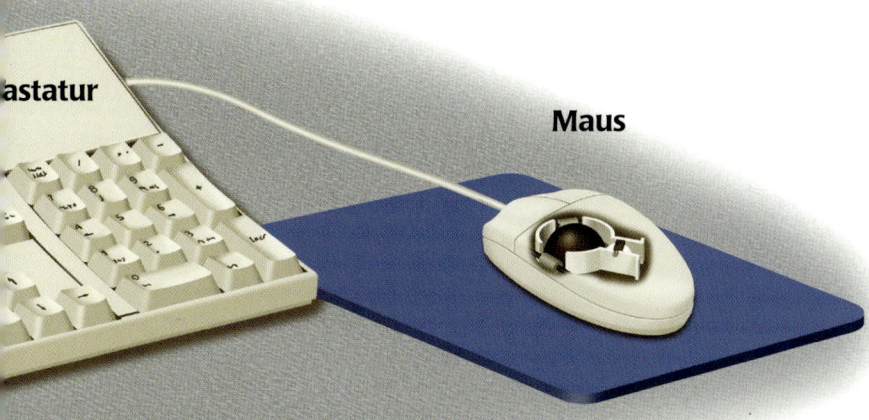

astatur

Maus

Schiebst du die Maus hin und her, bewegt sich der blinkende Pfeil – der Cursor – auf dem Bildschirm deines Computers. Dabei dreht eine Kugel Räder im Inneren der Maus. Durch Schlitze in den Rädern fällt Licht ein und löst elektrische Signale aus. Über diese Signale werden die Bewegungen der Maus an den Computer weitergegeben.

Scanner

Mit dem Scanner lassen sich Bilder auf einen Computer übertragen. Der Sensor eines Flachbettscanners speichert ein Foto, indem er das reflektierte Licht der Abbildung in Tausenden von Bildpunkten (Pixel) erfasst. Diese ergeben auf dem Computerbildschirm wieder das vollständige Bild.

TELEFON UND INTERNET

Telefonanrufe, Text-
meldungen, E-Mails und
Computerdaten werden in
einheitliche Signale umgewandelt und in Sekunden-
schnelle in einem weltweiten
Kommunikationsnetzwerk
ausgetauscht. Dieses Netzwerk besteht aus Kabeln,
Telefon-, Funk- und
Satellitenverbindungen.

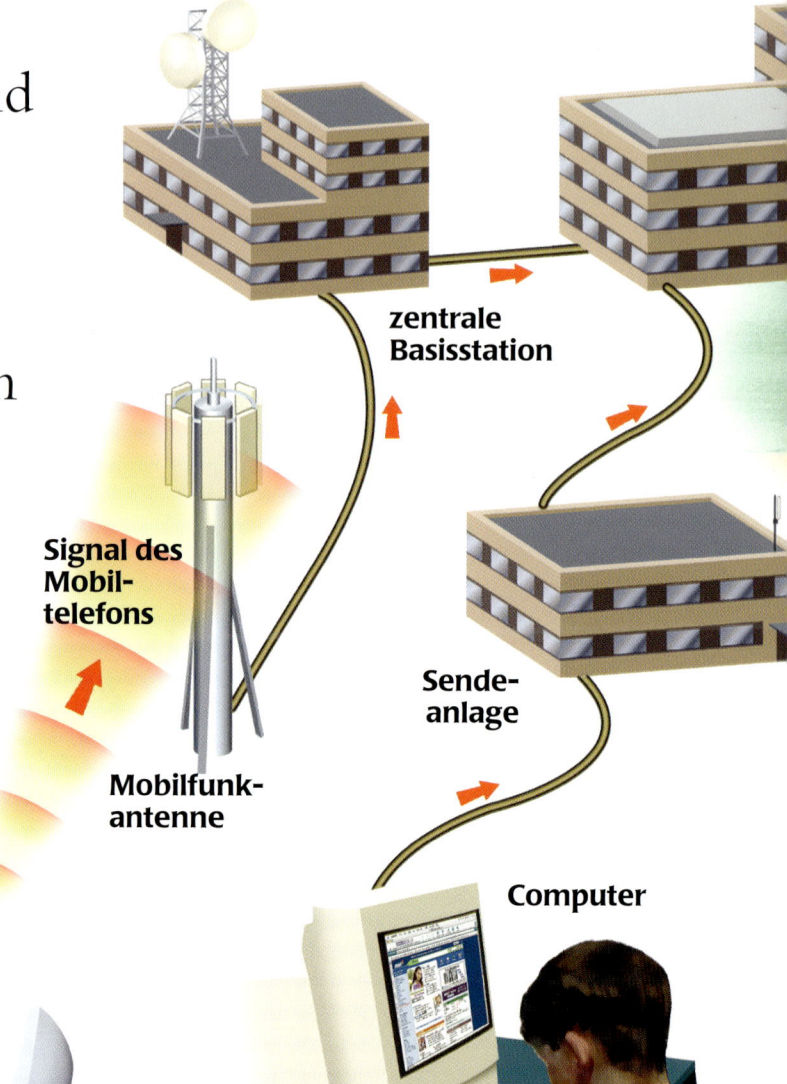

zentrale
Basisstation

Signal des
Mobil-
telefons

Sende-
anlage

Mobilfunk-
antenne

Computer

Mobil-
telefon

Mobiltelefone nutzen Funkwellen für die
Übertragung von Nachrichten. Die Signale
werden nicht auf direktem Weg von einem
Handy zum anderen geschickt. Zuerst
nimmt eine Mobilfunkantenne in einer
bestimmten Funkzelle die Signale auf.
Von dort werden sie an ein anderes
Handy oder einen Festnetzanschluss
weitergeleitet.

Satellit

internationale Basisstation

Eine Telefonverbindung kann über Kabel oder über Funkwellen zu Stande kommen. Funkwellen sind unsichtbare Signale, die sich durch die Luft fortbewegen. Auch Satelliten oder im Meer verlegte Kabel werden für Telefonverbindungen genutzt.

internationale Basisstation

Untersee-Glasfaserkabel

Mobilfunkantenne

zentrale Basisstation

Sendeanlage

Computer

Mobiltelefon

E-Mails werden über das Internet gesendet und empfangen. Ein zentraler Rechner im Netzwerk leitet die Nachrichten an den richtigen elektronischen Briefkasten weiter.

Ein Netzwerk aus Computern

Das Internet ist ein gigantisches Netzwerk, das Millionen von Computern auf der ganzen Welt miteinander verbindet. Informationen in Form von Texten, Bildern oder Videos werden über so genannte Links auf jeden beliebigen Computer in diesem Netzwerk übermittelt. Wir gehen in das Internet, um E-Mails zu versenden oder das World Wide Web zu nutzen, ein riesiges Angebot von weltweiten Internetseiten.

INDEX